LE
MUSÉE SOCIAL

INAUGURATION

25 MARS 1895

PARIS

CALMANN LÉVY, ÉDITEUR

3, RUE AUBER, 3

1895

COMITÉ DE DIRECTION

Président d'honneur : MM. le COMTE DE CHAMBRUN, JULES SIMON et LÉON SAY.

Président : M. JULES SIEGFRIED.

Vice-Président et Trésorier : M. CHARLES ROBERT.

Vice-Président : M. E. CHEYSSON.

Secrétaire : M. GRUNER.

Membres du Comité : MM. E. BOUTMY, ALBERT GIGOT, GEORGES PICOT.

La Société du Musée social a pour but de mettre gratuitement à la disposition du public, avec informations et consultations, les documents, modèles, plans, statuts, etc., des institutions et organisations sociales qui ont pour objet et pour résultat d'améliorer la situation matérielle et morale des travailleurs.

Les lettres et demandes de renseignements doivent être adressées à M. le Président du Musée social, 5, rue Las-Cases, Paris.

LE

MUSÉE SOCIAL

LE
MUSÉE SOCIAL

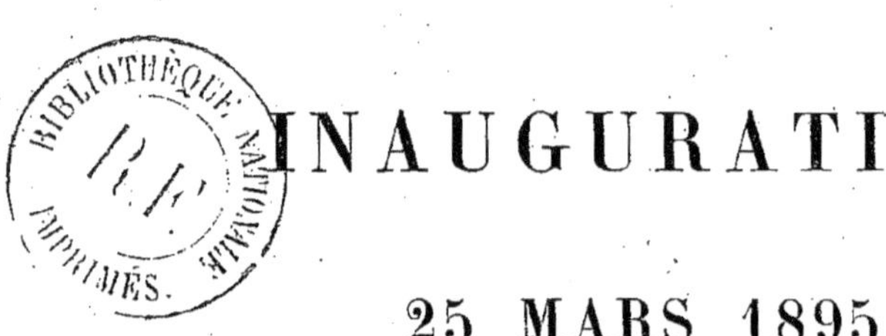

INAUGURATION

25 MARS 1895

PARIS

CALMANN LÉVY, ÉDITEUR

3, RUE AUBER, 3

1895

INTRODUCTION

FONDATION DE LA SOCIÉTÉ

La Société du Musée social, fondée par M. le comte de Chambrun, a été reconnue d'utilité publique le 31 août 1894 par décret du Président de la République, sur l'avis conforme du Conseil d'État.

L'ouverture du Musée a eu lieu le lundi 25 mars 1895, rue Las-Cases, 5, dans l'hôtel aménagé pour lui par les soins du fondateur.

Cette inauguration a été célébrée au Siège social, à trois heures de l'après-midi, par une cérémonie solennelle, et, à huit heures du soir, à l'Hôtel Continental par un banquet où trois cents convives étaient rassemblés.

La présente introduction a pour objet principal de faire connaître aux lecteurs quelques détails relatifs à la cérémonie d'ouverture et au banquet; mais il convient de rappeler ici tout d'abord la pensée première du fondateur.

Par une remarquable coïncidence, ses méditations personnelles l'avaient amené à concevoir un plan analogue à celui qu'avaient réalisé à l'esplanade des Invalides les organisateurs de l'Exposition d'économie sociale de 1889. Ceux-ci d'ailleurs, bien avant la clôture de l'Exposition, s'étaient préoccupés de faire briller de nouveau cette vive lumière qui allait trop rapidement s'éteindre. Leurs efforts prolongés n'avaient pu aboutir.

De leur heureuse rencontre avec le comte de Chambrun est sortie la Société du Musée social.

Le grand exemple donné en 1889 avait profondément ému les esprits sérieux. L'éclatant succès de cette exposition de faits sociaux avait été pour le public une révélation de ce que beaucoup d'industriels avaient su faire spontanément. L'approbation unanime donnée à ceux-ci était devenue pour les autres une sorte de mise en demeure signifiée par l'opinion publique de tous les pays au monde industriel, commercial et agricole, d'avoir à réaliser partout, dans la mesure du possible, les améliorations dont cette Exposition fournissait le modèle, et à faire sans trop d'hésitation les sacrifices qu'une telle évolution peut comporter. Tout le monde sentait que ces changements devaient s'opérer d'un commun accord entre le capital et le travail.

Un tel épanouissement des forces latentes de l'initiative privée, faisait comprendre déjà que, s'il existe des matières restreintes et limitées où l'intervention de l'État s'impose, lui, de son côté, doit respecter l'action des individus et des associations, et l'encourager au lieu de l'entraver ou de chercher à la supplanter.

Le grand courant d'opinion publique qui s'est formé dans ce sens en 1889 doit être entretenu et fortifié maintenant plus que jamais.

Le fondateur a voulu faire revivre, rendre permanente et perpétuer d'âge en âge l'admirable leçon de choses que donnait chaque jour au public l'Exposition de 1889.

Sa générosité a fourni à la Société nouvelle de puissants moyens d'action.

L'œuvre entreprise avec de tels éléments de réussite et conduite d'après la méthode expérimentale aura pour tâche essentielle de classer les documents réunis, d'en dégager l'esprit, de mettre à part, à la suite d'une sélection attentive, les types d'institutions qui, ayant subi l'épreuve du temps, mériteront d'être inscrites dans le Livre d'or des résultats acquis, et de tenir ensuite constamment à jour l'inventaire de ces institutions dont le maintien et le développement intéressent au plus haut degré l'honneur et la prospérité de notre pays.

La Société du Musée social aura dès lors une double mission à remplir :

Vulgariser, à l'aide de sa grande publicité, la connaissance des progrès d'ordre économique et social accomplis en France et à l'étranger par d'habiles et heureux promoteurs ; chercher ensuite, par ses utiles consultations et ses bons avis, à susciter à ces vaillants et hardis pionniers beaucoup d'imitateurs et de disciples.

L'INAUGURATION DU MUSÉE

L'ouverture du Musée social a eu lieu devant une très nombreuse assistance, en présence du Ministre du Commerce et de l'Industrie.

L'entrée de l'hôtel de la rue Las-Cases avait été ornée de drapeaux et de tentures. Sur une plaque de marbre fixée au-dessus de la porte cochère, on lisait les mots Musée social. Les parois du passage sous la voûte étaient couvertes de tableaux graphiques, ainsi que le grand vestibule qui précède l'escalier. On y remarquait les institutions patronales de la maison Peugeot, l'exposition de l'Union coopérative des Sociétés de consommation et celle de la

Chambre consultative des associations ouvrières de production.

Les invitations envoyées par le Comité de direction pour l'inauguration et le banquet répondaient au but poursuivi par le fondateur.

Tous les partis, toutes les écoles, tous les pays avaient été appelés à cette inauguration du temple du travail. Des publicistes, des philosophes, des travailleurs d'opinions très diverses, l'État représenté par un ministre de la République et l'Église par M. l'abbé de Broglie et M. le curé de Sainte-Clotilde s'y sont rencontrés.

M. Alfred Picard, commissaire général de l'Exposition universelle de 1900, qui, en sa qualité de président de section au Conseil d'État, a puissamment contribué à faire obtenir d'urgence à la Société du Musée social sa reconnaissance d'utilité publique, avait bien voulu se rendre aussi à l'invitation du Comité. MM. Georges Berger, et Laroche-Joubert, députés, Lavisse, de l'Académie française, Auguste Lalance, Gibon et Jules Many étaient au nombre des assistants ainsi que beaucoup de membres du Parlement, de l'Institut et des Sociétés d'utilité publique.

M. André Lebon, ministre du Commerce, de l'Industrie, des Postes et des Télégraphes, accompagné par MM. Hector Depasse et Moron, directeurs de l'Assurance et de la Prévoyance sociales et de l'Office du travail, et le commandant de La Garenne, qui représentait M. le Président de la République, ont été reçus à leur arrivée par M. Jules Siegfried, président du Comité de direction du Musée social, et par M. Léon Say, président d'honneur, entourés de MM. Charles Robert, Cheysson, vice-présidents; Gruner, secrétaire; Boutmy, Albert Gigot et Georges Picot, membres du même Comité; de MM. R. Pinot et Ch. Salomon, secrétaires du Musée, et de MM. Fillioux et Kozakiewicz, secrétaires du comte de Chambrun, délégués par lui pour le représenter.

A l'entrée du Ministre dans les premières salles du Musée, M. Jules Siegfried a expliqué l'organisation de l'œuvre nouvelle, en indiquant, d'après les statuts de la Société, les diverses branches de son activité.

M. André Lebon a répondu en exprimant les vives sympathies du gouvernement de la République pour la Société du Musée social. Il voit sa création d'un œil tout à fait favorable. Il applaudit à une telle manifestation de l'initiative privée, qui agit sans avoir besoin de l'appui de l'État. Il promet son concours moral le plus absolu, et termine en félicitant la Société de travailler ainsi à la conciliation entre le capital et le travail.

Dans la première salle, dite SALLE LÉON SAY, l'attention du Ministre a été appelée sur les tables statistiques, destinées à introduire de plus en plus l'esprit scientifique dans la mutualité et dans le calcul des pensions de retraite. Une partie seulement des collections et des graphiques du Musée a pu trouver place dans cette salle. Les autres tableaux sont conservés en dépôt jusqu'au moment où la construction d'un vaste hall dans la cour de l'immeuble permettra un complément d'installations. On n'a pu placer actuellement dans le Musée qu'un petit nombre d'expositions, parmi lesquelles on peut citer : le Creusot, les cités ouvrières de Mulhouse, la Caisse nationale des retraites de la vieillesse, Moët et Chandon, Suez, Laroche-Joubert, Van Marken, la Société de Thaon, et diverses sociétés coopératives et de secours mutuels. On a dû se borner à prendre quelques spécimens bien choisis dans les grandes catégories de l'économie sociale, en faisant une place dans chacune aux trois principaux facteurs, qui sont le patronat, les ouvriers et l'État. On s'est attaché en outre à mettre en évidence les Fédérations de sociétés qui représentent le groupement des efforts communs.

Le salon du Comité de direction contient l'exposition de Baccarat, une vue des bâtiments de l'Association du familistère de Guise avec la statue de Godin et le beau médaillon de la Société des habitations à bon marché, œuvre de Chaplain. Sur la cheminée

on voyait la maquette, prêtée pour un jour par le statuaire Dalou,
du monument qui va être élevé dans un square de Paris, en l'honneur de Leclaire, au moyen d'un crédit de 25 000 francs voté par
la Société de prévoyance et de Secours mutuels des ouvriers de sa
maison.

Passant dans la salle dite SALLE JULES SIMON, qui contient la
bibliothèque, le ministre et les visiteurs ont écouté avec le plus vif
intérêt les explications qui leur ont été données par le Comité de
direction, par les secrétaires et par M. Villin, bibliothécaire, sur le
catalogue, le classement, les coupures de journaux, les archives et
les modèles de statuts qui serviront d'une manière si efficace à la
propagation des sociétés de toute nature.

On a été heureux de trouver dans cette salle une photographie
du fondateur, faite d'après le beau tableau de Mlle Nélie Jacquemart.

On s'arrêtait aussi devant de grandes photographies qui représentent, sous trois aspects différents, la maison de rapport sise à
Paris, 6, rue du Faubourg-Montmartre, que le comte de Chambrun a
donnée à la Société du Musée social.

Tout le monde a compris l'importance et le caractère pratique
de l'œuvre, et l'on s'est retiré en se donnant rendez-vous au banquet du soir.

LE BANQUET

A huit heures un quart du soir, trois cents convives prenaient
place dans la grande salle des fêtes de l'Hôtel Continental autour des
tables magnifiquement servies.

A droite et à gauche de M. Jules Siegfried, qui présidait le banquet, étaient assis MM. Ribot, président du Conseil des ministres, et

André Lebon, ministre du Commerce et de l'Industrie ; Jules Simon et Léon Say, présidents d'honneur du Musée social ; Charles Robert et Émile Cheysson, vice-présidents du Comité du Musée ; Bardoux, sénateur, ancien ministre ; Buisson, directeur de l'Association ouvrière « Le Travail » ; le docteur Bödiker, président de l'Office impérial des assurances d'Allemagne ; Louis Ricard, député, ancien ministre ; Aynard, député ; Lœw, président de chambre à la Cour de cassation ; Dervillé, président du Tribunal de commerce ; Armand Peugeot, manufacturier ; Albert Gigot, membre du Comité du Musée ; Bérenger, sénateur ; Lourties, sénateur, ancien ministre ; Morisseaux, directeur au ministère de l'Industrie de Belgique ; Laferrière, vice-président du Conseil d'État ; Linder, inspecteur général des mines ; Mahillou, directeur général des Caisses d'épargne et de retraites de Belgique ; Arthur Raffalovich ; Reymond, sénateur, directer de l'École centrale ; Boutmy, de l'Institut, membre du Comité du Musée ; Gruner, secrétaire du Comité du Musée ; Liard, directeur de l'Enseignement supérieur ; Eug. Rostand, président des Caisses d'épargne des Bouches-du-Rhône ; Georges Picot, de l'Institut, membre du Comité du Musée ; Émile Levasseur, de l'Institut ; Bernard Lavergne, sénateur ; Émile Trélat, député ; Griolet, administrateur délégué de la Cie du Nord ; Mesureur, député ; Papelier, député ; Léon Aucoc, de l'Institut ; Diancourt, sénateur ; Glasson, de l'Institut ; Charles Tranchant, ancien conseiller d'État ; Vaudremer, de l'Institut ; Godin, sénateur ; Jacques, député ; Lyon-Caen, de l'Institut ; George Duruy, professeur d'histoire à l'École polytechnique ; Sabatier, président de l'ordre des avocats au Conseil d'État et à la Cour de cassation ; Darcy, président du Comité des houillères ; Heurteau, directeur de la Cie d'Orléans ; Sarrut, avocat général à la Cour d'appel ; Gruet, député ; de Foville ; de Nervo, administrateur de la Cie P.-L.-M. ; Fleury-Ravarin, député ; Émile Chevallier, député ; Brindeau, député, maire du Havre ; Hector Depasse et Georges Breton, directeur et sous-directeur de la Pré-

voyance et de l'Assurance au Ministère du Commerce; Moron, directeur de l'Office du travail; Finance, Fontaine et de Pulligny, attachés à ce service; Delaunay, député, et Fillioux, secrétaire du comte
de Chambrun.

MM. André Liesse et Beauregard, professeurs au Conservatoire
des Arts et Métiers, assistaient au banquet avec des professeurs de
l'Université, tels que MM. Espinas, Raoul Allier, Henri Joly, Izoulet,
Thomas et P. du Maroussem, convaincus de la nécessité de faire
pénétrer dans la jeunesse le goût des études sociales et de rattacher
les faits observés aux principes fondamentaux de la science. On
voyait auprès d'eux des chefs d'industrie, des ouvriers et des employés coopérateurs ou mutualistes : M. Bernardot, ingénieur de
l'Association du familistère de Guise, et les délégués des principales
Sociétés d'utilité publique qui s'occupent de questions sociales;
parmi ces derniers, MM. Jules Arboux, de la Ligue de la prévoyance
et de la mutualité; Ed. Goffinon, Ed. Dubois, E. O. Lami, Balas,
Nayrolles, Albert Trombert, Redouly, Valmé, Ch. Tuleu, Albert
Piat, de la Société de participation aux bénéfices; Frédéric Clavel,
Fitsch, Steinmetz, Lebeaut, Soria, Guitton, Briotet, de l'Union
coopérative des Sociétés de consommation; Vila, secrétaire de la
Chambre consultative des associations ouvrières; Maujean, Cartier,
A. Mangeot, Favaron, E. Mangeot, Barré, membres de cette
Chambre; Benoît-Lévy; Alfred Favre, de la Société industrielle de
Mulhouse, et les délégués de beaucoup d'autres associations.
Avaient été invités aussi les membres du Jury de l'Économie
sociale de 1889 et les membres du Conseil supérieur du travail,
notamment : MM. Beudin, Constant Deville, Jules Many; MM. Au-
déoud et Maneuvrier, président et secrétaire général de la Vieille-
Montagne; Rose, directeur du dépôt des cristalleries de Baccarat;
MM. Defert, Cacheux, Steeg, Gibon, Charles Lavollée; A. Rivière,
Demolins; Grignon, notaire; Welche, ancien ministre, président

du Syndicat central des agriculteurs; Kergall, président du Syndicat économique agricole; Bertrand et Muzet, présidents de deux groupes considérables de Chambres syndicales patronales de Paris; Léon Caubert, rapporteur de l'exposition sociale de Lyon; Thuillier, conseiller municipal de Paris; Porché, ouvrier charpentier, membre du Conseil supérieur du travail; Froment, vice-président de la Société de secours mutuels de la maison Leclaire; Charles Lucas, architecte; Dr Neumann; Dr Rochard, de l'Académie de médecine; baron Cerise, de la Caisse d'épargne de Paris; Boullaire, secrétaire général de l'Union des Syndicats des agriculteurs de France; Lyonnais, ancien député; Alphonse Courtois, secrétaire perpétuel de la Société d'économie politique; Dr Worms, de l'Académie de Médecine.

Les coopérateurs de consommation, de production et de crédit, ainsi que les patrons qui font participer leur personnel aux bénéfices, avaient exprimé le vœu d'occuper ensemble une des tables, où s'est assis M. Kozakiewicz, un des secrétaires du comte de Chambrun, chargé par lui de l'y représenter.

La famille du comte était représentée par MM. Charles de Chambrun, Paraige, Godard-Desmarest et le marquis de Sieyès.

Au dessert, les toasts et les discours ont commencé.

M. Jules Simon a porté un toast au Président de la République. Il a parlé, comme toujours, avec la finesse et la grâce qui donnent tant de charme à son talent d'orateur.

Le discours lu par M. Jules Siegfried au nom du Comité de direction, qui contenait la bonne nouvelle de la donation faite par le comte de Chambrun, s'est terminé par la proposition, votée par acclamation, d'envoyer au généreux donateur un télégramme exprimant la reconnaissance de tous.

M. Ribot, président du Conseil des Ministres, a parlé ensuite avec une véritable éloquence. Son toast à la Société du Musée social a été chaleureusement applaudi.

M. Léon Say a commenté avec beaucoup d'esprit un passage du beau discours de M. Jules Simon.

M. André Lebon, ministre du Commerce et de l'Industrie, dans une allocution familière et cordiale, a conquis la sympathie de l'assemblée et a provoqué une explosion de surprise et de joie en lisant le décret, si rapidement obtenu du Conseil d'État, qui autorise la Société du Musée social à accepter la donation à elle faite.

M. Armand Peugeot, manufacturier à Valentigney (Doubs), a prononcé un excellent discours indiquant le développement des institutions patronales comme un grand moyen d'apaisement et de conciliation.

M. Buisson, gérant de la Société « Le Travail », directeur de la Banque des Associations ouvrières et Secrétaire général de l'Union coopérative des Sociétés françaises de consommation, a parlé, au nom des trois branches de la Coopération, des grands services que le Musée social peut et doit rendre aux travailleurs.

M. Mesureur, député, président de la Commission parlementaire du travail, a fait allusion à l'intervention de l'État dans les questions ouvrières.

M. Aynard, député du Rhône, président de la Chambre de commerce de Lyon, s'est fait le champion de l'initiative privée de la province, oubliée quelquefois dans les réunions tenues à Paris.

Pendant ces discours, dont on trouvera ci-après le texte[1], l'assemblée, émue, charmée, attentive, sentait passer sur elle un souffle puissant de fraternité et de solidarité : un grand courant d'enthousiasme traversait tous les cœurs.

Après les discours, les invités se sont rendus dans un salon voisin. Les conversations s'engageaient de tous côtés; des groupes se formaient; partout on parlait de la grandeur de l'œuvre, de ses

---

1. Ces discours ont été sténographiés par M. Guénin.

garanties de succès et de l'admirable résolution prise de son vivant par le fondateur en faveur du Musée social. On ne s'est séparé que vers minuit.

Beaucoup de lettres d'excuses, parvenues au président du Comité de direction, contiennent l'expression des plus vives sympathies et de la plus sincère admiration pour l'œuvre du comte de Chambrun.

M. Léon Bourgeois, député, ancien ministre, président de la Commission parlementaire d'assurance et de prévoyance sociales, qui, d'après l'ordre du jour arrêté d'avance, devait prendre la parole à la fin du banquet, s'est excusé à six heures, pour cause de santé, par un télégramme adressé à M. Jules Siegfried et qui contient le passage suivant :

« Croyez à mon vif regret de n'être point tout à l'heure au milieu de ceux qui loueront avec vous la noble initiative de M. de Chambrun et qui témoigneront du prix qu'ils attachent et que doit attacher tout bon citoyen au développement d'une œuvre qui, en dégageant de la passion des partis l'observation des faits sociaux, contribuera à faire pénétrer dans la vie politique la sérénité, la bonne foi qui sont les conditions de toute science, et aidera ainsi puissamment à fonder la paix sociale. »

DISCOURS

DE

M. JULES SIMON

DE L'ACADÉMIE FRANÇAISE
SÉNATEUR
PRÉSIDENT D'HONNEUR DU MUSÉE SOCIAL

———

Messieurs,

J'ai l'honneur de porter un toast à M. Félix Faure, Président de la République française. C'est avec un très grand plaisir que je lui porte ce toast en cette occasion. On dit avec amitié de M. Félix Faure qu'il se prodigue. Je le répète aussi avec amitié, j'ajoute qu'il se prodigue surtout pour les souffrants et les pauvres. (*Applaudissements.*) C'est un bon genre de prodigalité. M. le Président de la République méritait d'avoir l'heureuse chance qui lui arrive, de trouver auprès de lui un millionnaire comme M. de Chambrun qui ne demande qu'à donner ce qu'il a et à le donner à propos, car c'est un grand esprit en même temps qu'un grand caractère, et de trouver en même temps, à côté de ce millionnaire, des millionnaires d'une autre sorte qui ont à répandre des trésors de zèle, de courage et d'intelligence. (*Vifs applaudissements.*)

Vous avez, Messieurs, du premier coup, en fondant aujourd'hui votre Musée social, rendu un service considérable à l'humanité; vous avez réfuté un préjugé qu'on cherchait à répandre avec obstination et qui consistait à dire que la République était prodigue de promesses pour les ouvriers, mais qu'elle ne prodiguait que cela.

Vous avez maintenant le moyen de démontrer qu'on a fait depuis quelques années, plus qu'on n'avait fait auparavant en des siècles; vos archives sont là, vous avez les pièces. Je n'en fais pas la nomenclature parce que le temps me manquerait; je puis dire comme ce personnage des *Lettres persanes* : « Si je paraissais devant vous tout couvert de papier blanc, il n'y aurait pas encore assez de place pour écrire tout ce qui a été fait en faveur des ouvriers dans ces dernières années. » (*Applaudissements.*)

Nous avons le Conseil supérieur du travail, le Conseil supérieur des habitations ouvrières, les Chambres syndicales, le Crédit agricole, la participation aux bénéfices, l'assistance par le travail, nous avons des commencements de caisses populaires, nous avons la caisse des retraites pour la vieillesse, nous avons des enseignements de toute sorte, depuis le plus élémentaire jusqu'au plus élevé, nous avons les moyens d'améliorer la santé publique, la limitation des heures de travail, le repos hebdomadaire. Mais, Messieurs, je m'arrête, et je donne aux organisateurs du Musée social le conseil de se presser, car il leur a suffi cette année de deux millions pour faire leur Musée, et au train dont on marche, il leur en faudra quatre l'année prochaine. (*Applaudissements.*)

En même temps, Messieurs, que vous mettez fin à ce préjugé que le sort de l'ouvrier n'est pas l'objet de notre constante sollicitude, j'espère et je souhaite, je demande avec ardeur que vous puissiez faire naître un sentiment tout contraire qui serait, s'il y avait de la logique en ce monde, la conséquence de votre premier succès ; je désire que vous persuadiez aux patrons qu'ils n'ont pas de meilleurs amis que les ouvriers, et aux ouvriers qu'ils n'ont pas de meilleurs amis que les patrons. (*Applaudissements.*)

Pour vous tous, Messieurs, pour les gens qui regardent et qui réfléchissent, il n'y a pas de vérité plus démontrée. Il reste encore à la prouver pour les autres. Vous nous promettez quelque part de l'impartialité. J'espère que vous ne tiendrez pas parole. Ceci est mon défaut ou mon vice, si vous voulez, mais je ne crois pas à l'impartialité, et je ne l'aime pas. Vous voulez dire sans doute par impartialité que vous n'êtes pas pour les patrons contre les ouvriers ni pour les ouvriers contre les patrons, ce qui va de soi ; mais vous ne voulez pas dire que vous n'êtes pas passionnés, car vous l'êtes. Il ne faut pas s'imaginer qu'on fasse de grandes choses sans la passion. L'idée toute seule est comme l'étoile vers laquelle on se dirige, mais la passion est le pilote qui conduit. (*Vifs applaudissements.*)

La passion vous est nécessaire pour mener à bien votre œuvre, d'autant plus que vous rencontrerez à chaque pas la passion hostile.

Qu'est-ce qu'un homme ? C'est un esprit servi ou contrarié par la passion.

Que votre passion se porte surtout à démontrer la vérité.

Comme je le disais tout à l'heure avec votre assentiment unanime, le jour où vous aurez persuadé aux patrons que leurs
meilleurs amis doivent être les ouvriers, et aux ouvriers que
leurs meilleurs amis doivent être leurs patrons, vous aurez fait
pour l'industrie nationale et pour le bonheur de l'humanité
tout ce que des hommes peuvent faire. (*Applaudissements.*)

Voilà, Messieurs, quel sera, je l'espère, le résultat de la
grande œuvre que vous commencez aujourd'hui. L'énuméra-
tion même que j'esquissais tout à l'heure montre que vous
n'allez pas faire à chaque pas des découvertes; non, cela n'est
pas votre projet, ce n'est pas votre prétention : vous faites un
musée, et dans ce musée vous rassemblez la preuve de ce qui
a été fait plutôt que vous ne cherchez à faire des découvertes;
l'un et l'autre pourront se rencontrer, mais c'est surtout le
passé que vous fouillez ; rendez aux patrons et aux ouvriers
l'immense service de les éclairer sur leurs sentiments réciproques, et alors, au lieu d'une guerre qui nuit à tout le monde,
chacun emploiera ses forces avec une vigueur indomptable à
faire le contraire de ce qu'il a fait jusqu'à présent avec les
mêmes intentions et le même désir de faire le bien. Voilà
l'espoir que j'exprime le jour où votre grande œuvre est fondée : ce sera une gloire pour la France, car vous faites une
œuvre nationale; ce sera en même temps un bonheur pour
l'humanité, car c'est une de ces œuvres nationales qui sont
en même temps une œuvre humaine. (*Applaudissements.*)

Vous ne pouvez pas réussir sans que toutes les nations
derrière vous profitent de votre succès; c'est ce qui montre
à quel point vous avez raison et à quel point votre œuvre est
magnifique. Il y aura dans Paris, qui est la capitale du monde,

trois monuments : la Bibliothèque sur la porte de laquelle on pourra inscrire :

« ICI L'ON S'INSTRUIT ; »

le Musée du Louvre sur la porte duquel on écrira :

« ICI L'ON ADMIRE ; »

et votre Musée pour lequel je propose cette inscription :

« ICI L'ON AIME. »

(*Vifs applaudissements.*)

Voilà, Messieurs, ce que je présage pour vous, voilà le souhait que je forme, et voilà l'hommage que j'envoie en votre nom au Président de la République française avec la certitude qu'il sera compris. (*Applaudissements.*)

DISCOURS

DE

M. JULES SIEGFRIED

DÉPUTÉ, ANCIEN MINISTRE
PRÉSIDENT DU MUSÉE SOCIAL

AU NOM DU COMITÉ DE DIRECTION

———

Messieurs,

Je voudrais, brièvement, au nom du Comité de direction, vous exposer le but et le mode d'action de notre Société, en préciser le caractère, en déterminer la portée.

Le Musée social, que nous avons inauguré aujourd'hui, en présence de M. le ministre du Commerce et de l'Industrie, a été fondé sous l'inspiration et par la généreuse libéralité de M. le comte de Chambrun. (*Bravos!*)

Son but est de réunir et de mettre à la disposition du public les documents, plans, statuts, relatifs aux institutions françaises et étrangères, qui ont pour objet l'amélioration de la situation matérielle et morale des travailleurs.

Notre intention n'est pas de nous borner à la simple communication des documents, nous y joindrons un service de renseignements et d'informations dont l'utilité s'indique d'elle-même.

Les principaux moyens d'action que la Société se propose d'employer sont :

1° Une exposition permanente d'économie sociale, comprenant les tableaux graphiques, mis à jour, qui ont eu tant de succès à l'Exposition d'économie sociale de 1889;

2° Une bibliothèque et une salle de travail ouvertes gratuitement, possédant les principaux ouvrages de fonds, les publications périodiques de France et de l'étranger, et des registres contenant les articles les plus remarquables des grands journaux du monde sur les questions sociales actuelles;

3° La communication aux intéressés de tous les renseignements qui pourront être demandés par eux au sujet des œuvres sociales;

4° Des consultations techniques, soit sur l'agencement d'œuvres à créer, soit sur la situation d'œuvres existantes et les modifications que cette situation pourrait comporter;

5° L'organisation de conférences, de cours et de démonstrations orales ayant pour but de commenter les documents exposés et de vulgariser les institutions d'économie sociale;

6° Des missions d'étude et d'enquête en France et à l'étranger;

7° Des publications servant à faire connaître les travaux de la Société du Musée social et les documents rassemblés par elle;

8° Des prix et des médailles à décerner aux travaux les plus remarquables, et l'organisation de concours sur des sujets spéciaux.

Tel est notre but, tel sera notre mode d'action.

Ayant pour objet de combler une lacune de notre outillage social, le Musée ne peut ni ne veut à aucun titre faire double emploi avec les sociétés existantes. Comme elles, uniquement préoccupé de l'intérêt public, il a l'ambition d'être leur auxiliaire et leur allié, et ne doit sous aucun rapport leur porter ombrage.

Vous le voyez, Messieurs, notre Société se propose de rendre facile à tous, hommes politiques, patrons, employés, ouvriers, jeunes gens de nos Écoles, l'étude pratique des questions sociales, et de mettre en pleine lumière les solutions appliquées et les expériences faites.

Voulant faire appel à tous les concours et ouvrir ses portes à tous les hommes de bonne volonté, la Société du Musée social, ainsi que, d'ailleurs, le lui prescrivent ses statuts, n'a aucun caractère confessionnel ou politique. Placée sur le terrain à la fois neutre et fécond des études qu'elle a entreprises, elle examinera les faits, notera les résultats, et elle se fera un devoir de mettre loyalement, avec une entière sincérité, sous les yeux du public, toutes les constatations auxquelles ses recherches consciencieuses pourront la conduire. (*Applaudissements.*)

En procédant, comme nous le ferons, à une enquête perpétuelle, aussi rigoureuse qu'impartiale, sans cesse tenue à jour, sur tout ce qui s'accomplit ou se tente, pour relever la situation morale et matérielle de l'humanité, nous contribuerons à rendre plus général un mouvement qui, malgré toutes les dénégations, reste l'honneur de notre temps.

Ainsi nous marcherons résolument en avant, avec le ferme

espoir de mériter l'estime et la confiance des patrons et des ouvriers. (*Très bien!*)

Nous croyons fermement que la science économique n'est pas simple affaire de discussion, mais qu'elle doit devenir de plus en plus pour le pays, non seulement une source de richesse, mais une force morale.

Tel est le caractère que nous désirons donner et maintenir à l'œuvre du Musée social.

L'honorable président du Conseil, M. Ribot, avec une rare élévation de paroles et de pensées, ces jours derniers, dans un discours qui a eu un profond retentissement dans le pays, a précisé la nature de ces relations, faites d'estime et de confiance, qui doivent s'établir entre les employés et leurs chefs. (*Applaudissements.*)

C'est bien là aussi le sentiment qui a présidé à la fondation du Musée social, où l'ouvrier, au même titre que le patron, trouvera l'accueil le plus sympathique.

Il faut en effet, Messieurs, mettre fin à des malentendus qui ont duré trop longtemps (*Bravos*), et nous atteindrons le but par des explications franches et loyales, comme il convient entre des hommes qui sont, quelle que soit leur situation sociale, des hommes de conscience et de devoir. (*Applaudissements.*) Solidaires les uns des autres, nous voulons dissiper les préjugés et prouver qu'il ne doit pas y avoir lutte entre le capital et le travail. (*Très bien!*)

Le travail d'aujourd'hui est le capital de demain, plus nous favoriserons le travail, plus nous lui donnerons de puissance par l'association, plus vite se réalisera l'indépendance du travailleur. (*Applaudissements.*)

La nation qui sera la première à comprendre que l'union la plus étroite doit exister entre le patron et l'ouvrier, entre le capital et le travail, sera celle qui réalisera le plus rapidement l'amélioration sociale du travailleur. (*Très bien!*)

Loin d'arrêter l'élan qui pousse ceux qui travaillent à s'élever, le Musée social demande à servir une si juste et si noble ambition et à donner son concours le plus absolu à un si légitime désir.

Tel est l'avenir que nous ambitionnons pour le Musée social, et lorsque nous voyons un descendant de notre vieille noblesse française devenir le plus ardent défenseur de ces idées d'égalité, de fraternité, de solidarité, et nous apporter le plus généreux concours pour réaliser une œuvre d'une portée sociale aussi grande, il n'est pas permis de désespérer de l'avenir. (*Très bien! et applaudissements.*)

La magnifique donation immobilière faite par M. le comte de Chambrun à la Société du Musée social représente un généreux élan de l'initiative privée. C'est l'une de ces belles et riches fondations qui, dans les temps passés, comme de nos jours, ont été inspirées, soit par une ardente charité, soit par un profond amour de la science, de la vérité, de l'instruction et du progrès.

Je suis fier et heureux de vous dire que cette donation, qui représente une valeur d'un million et demi, assure absolument l'avenir du Musée social. (*Applaudissements.*)

Mais le généreux donateur nous donne plus encore, il consacre à cette grande œuvre tout son cœur et toutes ses pensées.

Vous vous associerez à moi, Messieurs, pour boire à la

santé de celui qui vient de donner un si grand exemple de vraie fraternité sociale, en même temps que vous voudrez vous joindre à nous pour lui adresser la dépêche suivante :

« Monsieur le comte de Chambrun, Nice.

« Dans un sentiment unanime d'admiration et de recon-
« naissance, célébrant la fondation du Musée social, nous
« vous adressons l'expression respectueuse de nos vœux, et
« l'assurance de notre gratitude pour votre noble dévouement
« aux questions sociales, au bonheur de notre peuple et à la
« grandeur de notre patrie. » (*Vifs applaudissements.*)

DISCOURS

DE

M. RIBOT

PRÉSIDENT DU CONSEIL DES MINISTRES

Messieurs,

J'ai tenu à répondre à l'invitation qui m'a été adressée ; j'ai tenu à venir saluer, au nom du gouvernement de la République, l'œuvre que vous entreprenez avec un si noble courage, avec une si entière confiance dans l'avenir, avec une si grande générosité d'esprit et de cœur. J'ai voulu associer le Gouvernement à l'hommage qui vient d'être rendu dans des termes d'une simplicité si éloquente à ce représentant, comme vous l'avez dit, mon cher Siegfried, d'une vieille souche nationale, qui, rajeunissant son âme au contact de la démocratie, en comprend tous les besoins et nous donne à tous, en même temps que le plus généreux et le plus noble exemple, la plus belle démonstration de la légitimité de la propriété. (*Applaudissements.*)

Certes, si la propriété avait besoin d'être défendue dans

une société qui lui donne le travail comme fondement véritable, comment le serait-elle plus efficacement que par cet effort généreux, par cet exemple qui, je l'espère, sera assez suivi pour que nous n'ayons plus rien à envier à cette République sœur, dont les fondations sont la parure et la couronne d'une société démocratique. (*Vifs applaudissements.*)

Messieurs, le Gouvernement voit avec reconnaissance, ces encouragements à l'initiative individuelle. (*Très bien!*) L'État républicain a conscience de la grandeur et de l'étendue de sa tâche, mais il a en même temps le sentiment qu'à lui seul il ne peut pas la remplir tout entière : assurer le règne de la justice au sein de la démocratie, faire toutes ces équitables lois qui attendent depuis trop longtemps leur achèvement... (*Applaudissements.*) Ce sera, je l'espère, notre honneur d'accomplir cette œuvre. J'ai confiance dans la jeunesse et la généreuse impatience de notre ministre du Commerce et de l'Industrie, qui consacre tous ses efforts à faire aboutir la loi sur les accidents, la loi sur la création des comités mixtes de conciliation et d'arbitrage discutée ce matin même au Conseil supérieur du travail, et enfin — nous touchons ici à l'un des plus grands problèmes de l'avenir — cette grande loi qui mettra la vieillesse des travailleurs à l'abri du besoin en augmentant leurs pensions, et en encourageant ainsi le travail, la conduite et l'ordre au sein de notre démocratie. (*Applaudissements.*)

C'est là une grande tâche; mais qui ne saurait nous suffire; il faut, à côté de la justice, quelque chose de plus. Celui qui a dit le premier que la question sociale était une question morale a prononcé une parole vraie et profonde. Oui, Messieurs, quand on aura assuré la justice, on n'aura pas tout fait; il faudra pénétrer dans les âmes, y graver le respect de la dignité individuelle, le souci de la justice et quelque chose de plus, ce sentiment de la fraternité et de la solidarité humaine qui adoucit les rapports entre les hommes, qui apaise les dissentiments, les violences, les haines, qui nous rapproche tous en faisant battre le cœur d'un grand peuple des mêmes passions généreuses. Tout cela, nous ne pouvons pas l'accomplir au nom de l'État, de la puissance publique si grande qu'elle soit, mais nous pouvons le faire avec toutes ces bonnes volontés individuelles, dont l'action commune peut produire une œuvre plus grande encore que celle de l'État. (*Nouveaux applaudissements.*)

Messieurs, ce grand exemple de l'énergie individuelle et de l'initiative privée, vous le donnez en ce moment.

On a dit que, dans ce pays de France, on ne savait pas agir, que l'initiative individuelle était timide, défiante d'elle-même et impuissante. Pour ma part, je ne l'ai jamais cru, et quand vous voyez ce qui a été fait dans ces dernières années, vous n'y pouvez croire non plus. (*Très bien! Très bien!*)

Après avoir préparé pendant un demi-siècle l'œuvre dont il a été le premier apôtre, M. Jules Simon, dans sa vieillesse robuste et sereine, peut assister au triomphe de ses idées, au couronnement de tous ses efforts. (*Applaudissements.*)

Eh bien! tout ce qui a été fait dans ces derniers temps par l'initiative individuelle, je le constate aujourd'hui avec reconnaissance.

Hier, avait lieu la réunion d'une Société des habitations ouvrières. Elle était présidée par mon ami M. Georges Picot, que je vois ici et qui a écrit dans des termes d'une éloquence pénétrante des pages que j'aime à relire sur le devoir social au sein d'une démocratie. Il ne s'est pas contenté d'écrire, il a su aussi parler et agir; et tous les jours, avec une patience et une ténacité dignes des plus grands éloges, il a contribué largement à l'œuvre devant laquelle je m'incline avec admiration. (*Bravos et applaudissements répétés.*)

Je vois encore à côté de moi M. Charles Robert, l'apôtre de la grande idée de l'association du capital et du travail sous forme de participation aux bénéfices. (*Nouveaux applaudissements.*) Près de lui, je vois MM. Buisson et Favaron qui sont des pionniers de l'avenir et aussi des professeurs de morale au sein de notre démocratie, puisqu'en apprenant aux ouvriers de quoi se compose le gouvernement d'une association industrielle, en leur montrant ce qu'il faut de persévérance, d'esprit de suite, de qualités de toute sorte pour faire réussir une entreprise, ils leur enseignent, avec les moyens les plus sûrs d'arriver à l'aisance, cette grande vérité que sans certaines vertus morales il ne peut y avoir de dignité humaine. (*Très bien! Très bien! Vifs applaudissements.*)

On a dit que l'avenir serait au plus sage. Vous me permettrez de dire à mon tour que dans ces luttes ardentes engagées au sein de notre société pour savoir quelle sera la forme définitive de la démocratie, l'avenir sera à celui qui parviendra, à force de généreux efforts, à réaliser en elle l'idéal le plus noble et le plus élevé. (*Applaudissements.*)

Pour ma part, je n'ai pas de doute, l'avenir n'est pas à ceux qui, sous prétexte de rapide progrès, voudraient nous ramener en arrière en soumettant toute énergie et toute initiative individuelle à l'oppression la plus dure qui ait jamais été subie sur cette terre. (*Très bien! Très bien! Bravos et applaudissements.*)

A cet idéal, j'opposerai celui que nous avons tous au cœur, celui d'une démocratie où le bien-être général découlera de toutes les initiatives individuelles groupées harmonieusement et guidées par un esprit de justice et de fraternité républicaine. (*Nouveaux applaudissements.*)

Et maintenant à toute cette jeunesse — si nombreuse ici — qui m'écoute, je dois dire : « Ne craignez pas les luttes de demain, apprêtez-vous à combattre les sophismes qu'on jettera sur votre route, gardez au fond du cœur le sentiment du devoir, soyez décidés à ne lutter que par la justice, la générosité, la fraternité. L'avenir n'est pas à ceux qui voudraient nous imposer une dictature plus oppressive que toutes celles que nous a révélées l'histoire dans la suite des siècles. Ayez confiance, marchez de l'avant, l'avenir est à vous! » (*Bravos répétés.*)

Je bois, Messieurs, à cet idéal républicain qui est en germe dans la grande œuvre que vous fondez, je bois à la Société du Musée social et à mon cher président et ami, M. Siegfried. (*Applaudissements prolongés.*)

DISCOURS

DE

M. LÉON SAY

DE L'ACADÉMIE FRANÇAISE
DÉPUTÉ
PRÉSIDENT D'HONNEUR DU MUSÉE SOCIAL

MONSIEUR LE PRÉSIDENT,

Pourquoi me donner la parole? Que me reste-t-il à dire après ce que nous venons d'entendre, après M. Jules Simon, après M. le président du Conseil? Je ne pourrais, il me semble, que répéter, en l'affaiblissant, tout ce qu'ils nous ont si bien dit il y a un instant.

Mais vous avez pensé, sans doute, qu'il était bon que beaucoup d'entre nous puissions prendre la parole comme pour adresser tous ensemble, et pour ainsi dire en chœur, à M. le comte de Chambrun, l'expression de cette gratitude dont l'hommage court en ce moment sur le fil télégraphique, pour l'atteindre à Nice ce soir même, dans quelques instants, avant que nous ayons fini de parler de lui comme il le mérite.

Oui, c'est un devoir qui nous est imposé, et il nous est doux de le remplir. Ne dois-je pas, moi tout le premier, au comte de Chambrun une reconnaissance particulière pour m'avoir permis de participer, avec mon maître Jules Simon, avec mon ami Siegfried et tous vos collaborateurs, à la belle et grande fondation que nous célébrons aujourd'hui?

Nous savons bien, M. Jules Simon et moi, quelle a été l'origine de ce grand acte. C'est que lui, dans le Conseil supérieur de l'Exposition de 1889, et moi, dans le Jury spécial du groupe de l'Économie sociale que je présidais, nous avons concouru à l'organisation et je dirai à l'explication de l'Exposition d'économie sociale à l'Esplanade des Invalides. Je me rappelle l'ardeur avec laquelle M. le comte de Chambrun se livrait avec nous à l'étude des merveilles de cette Exposition. M. de Chambrun y a vu avec nous que notre monde industriel d'aujourd'hui savait décidément faire la distinction suprême entre les deux natures de force d'où l'industrie est sortie : d'un côté, des machines de fer et de bois qu'il faut user vite, le plus vite possible, afin de pouvoir, au fur et à mesure des progrès de la science, remplacer les sources anciennes de forces par de nouvelles ; d'un autre côté, cette force qui est aussi une source d'activité productrice et à laquelle nous devons toute notre sympathie et tous nos soins. Cette force-là, c'est une âme, c'est l'homme qui pense, qui travaille, qui souffre. Cette force-là, c'est une force et c'est une pensée, une noble force : nous devons la relever quand elle est épuisée, la guérir quand elle est malade, en prolonger le plus possible l'existence et l'armer à l'encontre des forces de fer et de bois, qu'il faut jeter en les poussant brutalement du pied, quand elles ont donné tout ce qu'on pouvait en tirer.

C'est cette preuve donnée au monde par l'Exposition de 1889 de l'immensité des efforts tentés dans le monde entier, qui a fait naître chez M. le comte de Chambrun la pensée que le premier essai d'une semblable exposition ne devait pas être abandonné. Il a voulu que cette exposition de quelques mois devînt une exposition de plusieurs années, de beaucoup d'années; qu'elle devînt en un mot permanente et il a commencé à prendre sans perdre de temps ses mesures pour la transformer en une œuvre durable. Et en même temps ce qu'il croyait et comprenait, ce que nous avons tous vu et compris avec lui et après lui, c'est qu'il y avait une infinité de moyens par lesquels on peut réussir à faire du bien; il a compris que l'initiative individuelle était une inventrice sans bornes, qui pouvait réaliser tout ce que l'État, malgré sa puissance, avait tant de peine à accomplir aussi complètement et aussi bien que l'initiative privée. (*Applaudissements.*)

Je ne méprise pas l'État, que serions-nous sans lui? Je ne suis pas de ceux qui disent comme certains politiques l'ont dit jadis : La France a besoin d'un gouvernement faible. Non, je ne suis pas de ceux-là, je sais tout ce que l'État doit à la France, et aussi tout ce que la France peut devoir à l'État; mais je sais aussi qu'il y a des solutions que l'État ne peut aborder, et que l'initiative individuelle seule est capable de faire triompher, et voici pourquoi : c'est qu'il n'y a rien qu'on puisse généraliser sans danger dans les œuvres sociales, c'est que ce qui est bon ici dans une industrie ne sera pas bon plus loin dans une industrie, cependant identique (*Nouveaux applaudissements*), et qu'il faut trouver des solutions différentes à chacun des problèmes même identiques qui tous les jours se posent devant nous.

Et que faut-il pour ne jamais manquer de solutions indéfiniment variées? Il faut connaître toutes celles qui ont pu déjà être essayées et qui ont servi à triompher des difficultés qu'on a rencontrées partout; il faut posséder une immense quantité de dossiers, il faut savoir ce qui s'est fait et savoir avec quel succès ou quel insuccès on a exercé son action, ici, là, au loin, auprès de nous, partout enfin.

Dans notre exposition de 1889 nous avions commencé à réunir de semblables dossiers, et M. de Chambrun s'est demandé si on ne pourrait pas réaliser un progrès de plus, s'il ne serait pas possible de constituer une collection de dossiers entretenue et toujours mise à jour, dans laquelle on pourrait trouver les éléments du plus grand nombre des discussions futures, de toutes peut-être. Il a réussi à créer un organisme, une société, un être de raison qui procurera ces moyens de travail, d'étude si nécessaires à tous ceux qui veulent se vouer, et il y en a beaucoup en France, aux questions sociales. Ce que nous faisons, ce n'est pas de la politique expérimentale; nous n'avons pas envie d'expérimenter *in anima vili*, nous avons bien compris ce que M. de Chambrun voulait et ce que nous voulons nous-mêmes : c'est exposer des documents réels, des documents qui ont vécu, si j'ose ainsi m'exprimer. Nous n'allons pas réunir dans notre exposition permanente des projets nés dans l'imagination de certains inventeurs, nous éconduirons les inventeurs en leur disant : Marchez d'abord, et quand vous aurez marché, c'est-

à-dire quand vous aurez eu des résultats nous mettrons le
compte rendu de ce que vous aurez produit sous les yeux du
grand public. Si votre résultat a été bon, nous trouverons des
gens de bien pour vous imiter, mais voyons d'abord si votre
invention est bonne et si elle a été mise à l'épreuve des faits.
(*Applaudissements.*)

C'est donc un musée expérimental, et ce musée, par cela
même qu'il sera expérimental, produira beaucoup de bien.
Pour moi je suis extrêmement fier d'appartenir à cette institution, et j'ai une vive reconnaissance à M. le comte de Chambrun de m'avoir conféré le titre de président d'honneur à la
suite de mon maître M. Jules Simon. Oui, je crois que ce jour
est une date, elle ouvre une époque, nous commençons quelque
chose qui deviendra grand, j'en ai la conviction, et M. Jules
Simon me permettra de commenter l'admirable parole par laquelle il a caractérisé tout à l'heure le Musée social. Il a
parlé des trois musées : celui où l'on s'instruit, la Bibliothèque; celui où l'on admire, le Louvre, et il a dit du nôtre
que c'est le musée où l'on aime. Oui, c'est ici le musée où
l'on aime, mais c'est parce que nous aimons que nous voulons
nous instruire afin d'apprendre à faire le bien; et j'ajoute
qu'en nous instruisant et en cherchant ce qui a été fait de bien
sur tous les points du globe, nous sommes conduits à admirer,
de sorte que nous trouverons dans notre musée qu'on y ai-
mera, qu'on s'y instruira et qu'on admirera. (*Applaudissements.*)

Tel est à mon sens le commentaire des paroles remarquables et touchantes qui sont sorties tout à l'heure de la
bouche de M. Jules Simon. Permettez-moi, Messieurs, en
finissant, de constater à quel point on est consolé et comme

on se sent optimiste quand on voit le Gouvernement de la République, représenté par le président du Conseil, nous encourager comme il l'a fait tout à l'heure. M. Ribot n'a-t-il pas dit
que l'éloquence ne manquait pas en France? et il nous en a
donné tout de suite une preuve éclatante. (*Rires et applaudis-
ments.*) Et, dans les termes les plus élevés, n'a-t-il pas consacré
notre œuvre de manière à nous assurer qu'elle durera longtemps?...

M. RIBOT. — Plus longtemps que le ministère !

M. LÉON SAY. — Aussi, puisque, dans la tradition des ban-
quets, il faut finir par une santé, vous me permettrez de boire
et vous voudrez bien boire avec moi, à notre honorable président
du Conseil, à M. Ribot, qui a beaucoup fait, qui fera encore
beaucoup plus, et que tout le monde considère comme bien
digne d'occuper cette grande situation, où l'on peut faire tant
de bien, de premier ministre, de président du Conseil des
ministres de la République française. (*Vifs applaudissements.*)

DISCOURS

DE

M. ANDRÉ LEBON

MINISTRE DU COMMERCE,
DE L'INDUSTRIE, DES POSTES ET DES TÉLÉGRAPHES

MESSIEURS,

Dans un ministère bien ordonné, comme celui auquel j'ai le très grand honneur d'appartenir, quand le président du Conseil a parlé, ses collaborateurs n'ont qu'à se taire. (*Rires.*)

M. RIBOT. — Pas du tout!

M. ANDRÉ LEBON. — Surtout quand il a parlé comme vient de le faire M. Ribot. Ce n'est donc pas du tout comme ministre du Commerce que j'ai demandé la parole à M. Siegfried, c'est comme facteur des postes (*Hilarité générale*), comme tout petit facteur.

Samedi, on a présenté à ma signature une lettre qui était destinée à M. Siegfried. J'ai réfléchi que les courriers du soir étaient déjà partis, que le lendemain était un dimanche, que

M. Siegfried serait très occupé aujourd'hui par l'inauguration du Musée social, et que peut-être mes facteurs en pied n'arriveraient pas à le rejoindre. Alors, au lieu de mettre cette lettre sous enveloppe, je l'ai apportée avec moi; je vous demande la permission de vous en donner lecture. (*Applaudissements.*)

« Monsieur le Président, j'ai l'honneur de vous informer
« que M. le Président de la République a, par décret en date de
« ce jour, autorisé le trésorier de la Société du Musée social à
« accepter, au nom de cette Société, la donation à elle faite par
« M. le comte de Chambrun d'un immeuble sis à Paris, 6, rue
« du Faubourg-Montmartre. »

Voici l'ampliation du décret. (*Vifs applaudissements.*)

Messieurs, c'est évidemment à M. le comte de Chambrun que s'adressent vos applaudissements; pourtant j'en demanderai quelques-uns pour l'administration. Quand, il y a huit jours, votre secrétaire M. Pinot est venu m'apporter l'acte notarié qui constatait la donation, en me demandant d'en faire la ratification par décret dans les 48 heures, je n'ai pas pu m'empêcher de penser de prime abord qu'il était peut-être un peu jeune dans les pratiques administratives. (*Hilarité générale et applaudissements.*)

Cependant mon âge ne m'éloigne pas tellement de lui que je n'aie été un peu échauffé par la confiance qu'il mettait dans l'autorité ministérielle. Le hasard a voulu que le président de la section compétente du Conseil d'État se trouvât précisément dans mon cabinet au moment où M. Pinot m'apportait le papier en question, et trois jours après la chose était faite. (*Vifs applaudissements.*)

Ce qui vous prouve, et c'est pour cela que je vous demande des applaudissements pour les services (*Rires*), que quand on y met de toutes parts de la bonne volonté, on aboutit en temps utile. (*Nouveaux rires.*) Messieurs, j'espère que tant que je serai là, et même quand je n'y serai plus, le ministère et le Conseil d'État continueront à vous témoigner le même zèle. (*Applaudissements.*)

Vous êtes, Messieurs, des hommes de bonne foi, c'est-à-dire que, dans l'époque un peu troublée où nous vivons, vous ne vous laissez arrêter par aucun préjugé, par aucun scrupule juridique; — il y a peut-être quelques jurisconsultes ici, ils me pardonneront de me soustraire un peu à leurs lisières, — vous envisagez en elles-mêmes toutes les questions qui se posent, vous les étudiez avec la haute compétence pratique que chacun d'entre vous a acquise dans l'exercice de sa profession, et vous cherchez la solution la plus adéquate. Vous êtes en même temps des hommes de bonne volonté, c'est-à-dire que, quand vous êtes en présence d'un mal constaté, vous l'attaquez de haute lutte, vous allez droit au but, et avec cette devise magique que formulait tout à l'heure M. Jules Simon et que reprenait M. Léon Say, vous entraînez tout le monde à votre suite. (*Applaudissements répétés.*)

Eh bien! laissez-moi vous le dire, ce n'est pas seulement parmi vous qu'il y a de la bonne volonté, qu'il y a de la bonne foi, c'est aussi dans les régions moins sereines de la politique.

M. le Président du Conseil faisait allusion tout à l'heure à la jeunesse confiante et à l'activité que j'essayais d'apporter dans l'exercice de mes fonctions. Il me permettra de lui dire que je crois que la vie tout entière se résume dans une parole admirable d'un très grand esprit, qui n'était pas de notre parti politique, mais qui était un grand moraliste et un grand homme d'action :

« L'homme doit agir comme s'il pouvait tout, et se résigner comme s'il ne pouvait rien. »

Agir comme si l'on pouvait tout, cela veut dire que dans toutes les circonstances de la vie il faut s'imaginer qu'on a l'éternité devant soi et le monde entier sous son autorité.

Se résigner comme si l'on ne pouvait rien, cela veut dire que quand le malheur des temps veut qu'on ait échoué dans la réalisation de quelqu'un de ses rêves, il faut rebondir immédiatement sur soi-même et aller plus loin et plus avant dans la voie de l'effort et du progrès. (*Applaudissements.*)

Messieurs, je bois à vous tous qui êtes ici présents, à vous qui avez pris cette maxime pour programme de votre existence ; je bois à votre Société, qui a donné un si grand exemple de généreuse initiative à notre France démocratique. (*Double salve d'applaudissements.*)

DISCOURS

DE

M. ARMAND PEUGEOT

MANUFACTURIER A VALENTIGNEY (DOUBS)

———

Le Comité de direction du Musée social m'a fait le grand honneur de me désigner pour prendre la parole dans cette occasion solennelle, afin de vous parler de ce que peut faire et de ce qu'a fait déjà le patronat français pour améliorer le sort de la classe ouvrière.

Pour remplir la difficile mission qui m'a été confiée, je devrais me borner à vous relire le magnifique rapport de M. Cheysson sur la section XIV de l'Exposition d'économie sociale en 1889.

Ce rapport résume toute la question avec une clarté et une netteté absolues, et ç'est à ce beau travail que doivent recourir avant tout ceux qui voudront la bien connaître et la bien comprendre.

L'Exposition d'économie sociale de 1889 a, en effet, pour

la première fois, mis en lumière ce qui s'était fait dans beaucoup d'établissements industriels dans l'intérêt des ouvriers.

Elle a servi de modèle à toutes les expositions analogues qui ont eu lieu depuis, et le Musée social lui-même, qui a été si brillamment inauguré aujourd'hui, ne sera pas autre chose que l'Exposition de 1889 rendue permanente. (*Applaudissements.*)

Il sera une véritable école mutuelle où tous les hommes de bonne volonté viendront chercher des enseignements; profitant des expériences de leurs devanciers, ils trouveront là les éléments nécessaires à la création des institutions qu'ils auront à organiser.

Sachons l'utiliser, car jamais le besoin de bonnes institutions sociales ne s'est fait aussi impérieusement sentir.

Nous assistons en ce moment à une lutte acharnée du travail et du capital, à des grèves lamentables, qui font au moins autant de mal aux ouvriers qu'aux chefs d'industrie.

En voyant ce désolant spectacle, on se demande parfois si un pareil antagonisme peut disparaître et s'il existe un terrain de conciliation.

Je n'hésite pas à répondre affirmativement et je n'en veux pour preuve que les résultats obtenus par les établissements qui ont créé des institutions sociales et patronales.

Voyez ce qui existe dans les grandes entreprises comme le Creusot, les mines d'Anzin, dans les filatures Seydoux, Agache, Walther Seitz, à la blanchisserie de Thaon, dans les imprimeries Mame, Chaix, Colin, dans nos propres usines de Valentigney et Hérimoncourt, et dans tant d'autres établissements. Les combinaisons les plus variées ont été imaginées pour améliorer le sort des travailleurs et pour les attacher à l'usine par l'intérêt, par la solidarité et l'affection. Caisses d'épargne, de secours, d'accidents, de prévoyance, de retraites; participation des ouvriers aux bénéfices; primes, hôpitaux privés, sociétés coopératives d'alimentation, sociétés immobilières, toutes ces institutions, et bien d'autres encore, qui sont dues à l'initiative des patrons, ont été organisées et fonctionnent admirablement, et partout elles ont resserré les liens entre les ouvriers et ceux qui les dirigent.

Les créateurs de ces œuvres ont compris que pour tarir les sources de l'antagonisme il faut intéresser le personnel à la prospérité de l'affaire. Ouvriers et patrons, comme l'a si bien dit M. Cheysson, ne peuvent pas être des ennemis sans vérifier bientôt la grande parole : « Toute maison divisée contre elle-même périra. » (*Très bien! et applaudissements.*)

C'est en se pénétrant de cette pensée que les patrons, ceux qui ont la lourde responsabilité de la direction des affaires et des ateliers, peuvent arriver à faire régner l'harmonie entre les différents facteurs du travail. C'est ainsi qu'ils peuvent éviter la lutte, et que la paix et la prospérité auront à remplacer la guerre et toutes les misères qui l'accompagnent.

Partout où les chefs d'industrie l'ont compris, partout où se rendant compte des devoirs imposés par leur situation, ils ont pris l'initiative de ces œuvres si bienfaisantes qui ont pour but et pour résultat de faire du personnel de l'usine une grande famille, partout où l'on a fait cela, vous voyez régner la concorde et l'union.

Nous en avons fait dans nos usines du pays de Montbéliard la satisfaisante expérience.

Mon père a été chez nous le créateur des premières œuvres sociales; il a institué dans nos usines la participation aux bénéfices employée à l'entretien des institutions patronales.

Nous avons continué à marcher dans la voie qu'il nous avait tracée, et jamais aucune grève, aucune difficulté sérieuse n'est venue troubler l'entente parfaite qui règne chez nous entre patrons et ouvriers.

Toutes ces institutions, et en particulier celles qui ont pour base la participation par un moyen quelconque de l'ouvrier aux bénéfices de l'entreprise, ont pour résultat de créer entre patrons et travailleurs une union vraiment intime.

Union profonde et sincère, née d'une estime et d'une affection réciproques, et dont la solidité m'inspire une inébranlable confiance.

Que l'esprit qui a présidé à la création de ces institutions sociales et patronales pénètre dans tous les centres industriels; que tous les patrons qui peuvent entrer dans cette voie viennent demander au Musée social les précieux enseignements qu'il tient à leur disposition, et cette union deviendra générale.

Nous ne verrons plus les travailleurs s'épuiser en luttes stériles et malsaines; ils comprendront qu'il faut s'unir, qu'il faut s'entendre.

Oui, Messieurs, il faut que cette entente cordiale devienne la règle; il faut que les patrons et les ouvriers comprennent qu'ils travaillent ensemble à une œuvre commune, que leurs intérêts sont identiques, et que les uns comme les autres doivent consacrer toutes leurs forces à faire prospérer l'entreprise à laquelle ils sont attachés, et qu'ils apprennent enfin à marcher la main dans la main.

Aux patrons de donner l'exemple : c'est leur devoir, et c'est aussi leur intérêt ; le jour où ils l'auront bien compris, le jour où les institutions sociales et patronales seront à la base de toute organisation industrielle, la lutte aura beaucoup perdu de son intensité ; elle n'aura pour ainsi dire plus de raison d'être, et nous verrons régner dans les ateliers la paix, et avec elle la prospérité, qui en est la conséquence nécessaire. (*Applaudissements.*)

DISCOURS

DE

M. BUISSON

DIRECTEUR DE LA BANQUE COOPÉRATIVE DES ASSOCIATIONS OUVRIÈRES,

SECRÉTAIRE GÉNÉRAL DE L'UNION COOPÉRATIVE

DES SOCIÉTÉS FRANÇAISES DE CONSOMMATION,

GÉRANT DE L'ASSOCIATION D'OUVRIERS PEINTRES « LE TRAVAIL »

MESSIEURS,

Au nom de la coopération française, dont j'ai le grand honneur de représenter ici les trois branches principales : Société de crédit, Société de consommation et Association ouvrière de production, je viens exprimer les sentiments de reconnaissance dont nous sommes pénétrés envers M. le comte de Chambrun pour l'œuvre si éminemment utile qu'il vient de fonder. (*Applaudissements.*)

Nous sommes persuadés que le Musée social, ainsi qu'il est dit dans l'article 1ᵉʳ de ses Statuts, contribuera puissamment *au développement des institutions et organisations sociales qui ont pour objet et pour résultat d'améliorer la situation morale des travailleurs.*

Et c'est la noblesse de ce but et la grandeur de la tâche à accomplir qui a fait que, dès le premier instant, et sans hésitation aucune, les coopérateurs ont mis leur concours le plus entier au service du Comité de direction.

De tout temps, notre pays a eu des hommes généreux qui se sont inspirés de l'idée du bien pour consacrer leur fortune à des œuvres philanthropiques.

Mais l'emploi des richesses à la création d'institutions ayant pour but la paix sociale et la diffusion des idées humanitaires et démocratiques est certainement un fait sans précédent, qui marque bien l'état psychologique de notre époque. (*Nouveaux applaudissements.*)

C'est encore un fait qui parle en faveur de notre temps que de voir nombre d'hommes ayant tout ce qu'il faut pour être heureux, que rien n'oblige à se préoccuper des questions sociales, s'adonner, au contraire, avec passion, à leur étude et dépenser pour la résolution de ce grand problème tout ce qu'ils possèdent de savoir et d'énergie.

L'œuvre de M. le comte de Chambrun a précisément ce caractère particulier, de contribuer à une meilleure organisation du travail, en même temps qu'à élever la dignité des travailleurs ; il voudrait voir supprimer le mal plutôt que de le secourir.

La création du Musée social a intéressé, disons-nous, au plus haut point les coopérateurs. (*Très bien ! Très bien !*)

Ils voient dans cette institution un instrument très approprié et très puissant pour la propagation des principes qu'ils préconisent.

La coopération n'est plus un mythe ; elle a à son actif des résultats indiscutables, devant lesquels doivent s'incliner les plus sceptiques.

A l'heure actuelle, il existe en France environ 1 200 sociétés coopératives de consommation, réunissant plus d'un million d'adhérents, à qui elles fournissent journellement des denrées dans des conditions plus économiques, leur rendant ainsi la vie plus facile et plus douce.

Les associations ouvrières de production sont au nombre de 120. Leur chiffre d'affaires annuel peut être évalué à vingt millions de francs, et les bénéfices réalisés, répartis entre le *travail*, l'*intelligence* et le *capital*, suivant le principe adopté par ces associations, ne s'élèvent pas à moins de deux millions.

Les sociétés coopératives de crédit sont également en progrès.

A la suite des Congrès annuels organisés par le Centre fédératif, le mouvement se dessine en faveur de la création de sociétés de crédit populaire urbaines et agricoles, ayant pour but de procurer aux travailleurs des villes et des champs le crédit dont ils auront besoin. Ces sociétés, correspondant à un besoin primordial et absolu, pourraient bien devenir aussi importantes que celles qui existent dans les pays voisins.

Parmi les nombreux obstacles qui se sont opposés à la réussite des associations ouvrières de production, l'absence de crédit n'a pas été le moindre.

Cette lacune vient d'être heureusement comblée par une libéralité procédant des mêmes sentiments que ceux qui ont guidé M. de Chambrun. (*Vive approbation.*)

Un fervent adepte des théories de Fourier, voulant aider dans leurs efforts ces groupements ouvriers, nous a remis entre les mains un demi-million pour doter notre Banque coopérative. Cette Banque, que nous avions créée avec des moyens

très limités, est devenue de ce fait un auxiliaire des plus im-
portants pour la prospérité des associations ouvrières de production. Et, dans cette fête de reconnaissance, nous croyons
de notre devoir et sommes heureux d'associer ce bienfaiteur
aux sentiments de gratitude que nous exprimons au fondateur
du Musée social.

Les différents systèmes que nous avons expérimentés, les
résultats matériels et intellectuels que nous en avons obtenus
et qui forment comme le patrimoine de la coopération, nous
les ferons connaître au Musée social, afin que ceux qui auront
le désir de nous suivre puissent profiter des leçons du passé
et de l'expérience acquise.

Messieurs, la pratique de la coopération, en outre des
obligations inhérentes à toute entreprise, astreint les hommes
à des devoirs moraux auxquels il est nécessaire de les pré-
parer.

« *Ayez un idéal pour être un homme* », disait en 1891 à la
jeunesse des écoles un grand-maître de l'Université. Eh bien!
les coopérateurs le possèdent, cet idéal : — c'est la solidarité, base sur laquelle repose toute la coopération. (*Très bien!
Très bien! Bravos.*)

C'est par la solidarité qu'on peut espérer résoudre les
questions sociales, si ardues soient-elles, c'est la solidarité
jointe à l'idée de justice qui fera accepter par tous une
répartition équitable des produits du travail.

C'est par la pratique de la solidarité que les hommes pourront lutter avec succès contre les difficultés et les maux in-
nombrables que la nature renouvelle sans cesse sous leurs pas.

Enfin, c'est la solidarité qui, en faisant considérer l'humanité tout entière comme une immense famille, nous la fera aimer davantage et désirer ardemment son bonheur.

Et pour que cette solidarité puisse porter tous ces fruits, c'est à l'enfant qu'il faut l'inculquer.

Il faut, comme le disait dans un banquet de la Coopération M. Bourgeois, alors ministre de l'Instruction publique, « *qu'il y ait dans les écoles une place à l'enseignement de la solidarité, de ce principe qui se résume ainsi* : Vivre pour autrui. »

C'est au Musée social que devront venir les maîtres chargés de cet enseignement, ou plutôt de cette éducation, pour y chercher les moyens pratiques pour appliquer ce principe dans toutes les circonstances de la vie : les exemples à montrer à leurs élèves ne leur manqueront pas : nous avons, nous aussi, nos Pionniers de Rochedale ! (*Applaudissements.*)

Le fondateur du Musée social arrive donc à son heure ; — il accélère en notre pays la marche du mouvement coopératif et plus généralement celle du progrès. Que tous ceux qui s'intéressent à la résolution des problèmes sociaux y apportent donc leur concours et leurs lumières, et, par l'œuvre de M. le comte de Chambrun, nous arriverons à la réalisation de cette belle devise de la coopération, émise par notre ami Bernardot, du Familistère de Guise : « *L'Union pour la vie.* »

Messieurs, je lève mon verre et vous propose de boire à M. le comte de Chambrun, à la Solidarité. (*Vifs applaudissements.*)

DISCOURS

DE

M. MESUREUR

DÉPUTÉ

PRÉSIDENT DE LA COMMISSION DU TRAVAIL

Messieurs,

Tout a été dit. Je crois pourtant que je manquerais à tous mes devoirs si, comme président de la Commission du travail, au nom de cette Commission et au nom de la Commission parlementaire de prévoyance sociale, je ne remerciais pas à mon tour le généreux donateur et les courageux fondateurs du Musée social.

C'est un nouvel instrument pacifique et scientifique mis à notre disposition pour l'étude des grands problèmes sociaux que vous nous apportez sous une forme attrayante, pratique, accessible à tous, et de nature à vulgariser nos idées.

Le Musée social vient à son tour apporter son contingent aux enquêtes que nous sommes trop souvent forcés de faire alors qu'aux prises avec toutes les difficultés que soulèvent ces problèmes sociaux, nous sommes obligés d'élaborer des lois toujours si délicates et si difficiles à faire quand on veut les rendre applicables à toutes les classes sociales et à toutes les régions de notre pays.

Nous sommes en droit de nous réjouir de voir qu'avec ce nouvel instrument ce que vous nous apportez c'est la science avec ses conclusions sévères parfois, la science que vous savez faire pénétrer dans les esprits, parée de ce sentiment de solidarité qui vous anime, la science que vous rendrez acceptable pour ceux mêmes dont elle contrariera les revendications parce qu'ils n'en ont pas assez tenu compte jusqu'à ce jour.

Tout à l'heure, Messieurs, vous avez applaudi le passage d'un discours où il était dit que l'initiative privée, que le courage individuel faisaient plus et mieux que toutes les lois. Eh bien ! malgré cela et bien que je partage votre sentiment sur la puissance de l'initiative privée, je viens m'excuser devant vous. Nous sommes encore, hélas ! forcés de faire des lois. Vous êtes nombreux ici, capables de vous en passer, mais vous ne l'êtes pas encore assez dans le pays, et vous nous pardonnerez de faire des lois pour protéger l'enfant dans son développement moral et physique, pour protéger la femme et la laisser le plus souvent possible au foyer familial, pour secourir les blessés du travail, pour aider les ouvriers à se servir des lois imparfaites qui existent déjà et à défendre leurs droits, pour assurer aux invalides de la cause sociale le moyens de vivre et de subsister dans la vieillesse. Vous nous pardonnerez enfin de faire des lois pour réaliser cette belle conception que M. le président du

Conseil développait si éloquemment devant la Chambre des députés, je veux parler de la liberté des contrats de travail. (*Applaudissements.*)

Nous voulons étendre de plus en plus ces tribunaux du travail qu'on appelle les conseils de prud'hommes; nous voulons aussi faire les lois qui mettront en présence l'employeur et l'employé, l'ouvrier et le patron en leur permettant de discuter librement leurs intérêts; nous voulons faire tout cela dans le plus bref délai possible.

J'espère, Messieurs, que vous approuverez le toast que je porte aux lois sociales qui devront respecter dans son esprit et réaliser notre belle devise républicaine : Liberté, Égalité, Fraternité. (*Bravos et applaudissements prolongés.*)

DISCOURS

DE

M. AYNARD

DÉPUTÉ

PRÉSIDENT DE LA CHAMBRE DE COMMERCE DE LYON

Messieurs,

Je réponds avec résignation et docilité à l'appel de mon nom parce que je ne puis pas m'en dispenser, mais vraiment mon ami M. Siegfried m'impose une tâche bien lourde en m'obligeant à parler à une telle heure et surtout après de tels maîtres.

Ce qui doit me servir d'excuse auprès de vous, Messieurs, c'est que jusqu'à présent vous n'avez entendu que la parole d'hommes illustres dans les lettres ou la politique, de représentants de Paris. Si j'ose ajouter un mot, c'est comme simple provincial, car quelques-uns paraissent ignorer qu'en dehors des 2 400 000 habitants de Paris, il y a 36 millions de Français. (*Rires approbatifs.*) Ces Français ont, eux aussi, dans un pays libre, droit à la parole, et ils tiennent à honneur d'en user alors qu'il s'agit de remercier le fondateur d'une grande œuvre dont les bienfaits s'étendront sur le pays tout entier. Je n'ai reçu aucun mandat formel, mais je suis convaincu que je me fais l'interprète du plus grand nombre de ces bons citoyens français qui, en dehors de Paris, s'intéressent au progrès social, qui le propagent par leurs idées et par leurs actes, en adressant mes remercîments à l'homme qui a fait à la France cette si belle, si haute, si intelligente libéralité. (*Très bien! Très bien! Vive approbation.*)

Messieurs, on a apprécié tout à l'heure cette libéralité en des termes tels qu'il ne reste rien à y ajouter. Pour moi, je vois s'ouvrir avec le plus grand bonheur cet arsenal de la science sociale qui sera l'arsenal de la paix. Jusqu'à présent, nous n'avons connu que les arsenaux de la guerre. Celui qui va s'ouvrir rue Las-Cases, c'est bien un arsenal de la paix publique. (*Approbation.*) Je le vois s'ouvrir avec joie et avec confiance, parce que j'aime les patrons et que j'aime autant les ouvriers. Je suis convaincu que c'est par ignorance mutuelle, par défaut de pénétration réciproque, que tant de malentendus subsistent. J'ai toujours été surpris de voir combien de dissentiments, allant quelquefois jusqu'à la haine, naissaient tout simplement de l'ignorance profonde et presque générale des conditions industrielles, des conditions commerciales, des conditions ouvrières, en un mot de l'ignorance de l'état et des conditions du travail sur lequel repose notre société.

Chacun se confine dans une espèce de microcosme dont il ne veut pas sortir. En dehors de son étroit domaine il ne connait rien, les hommes mêmes qui connaissent bien leur fonction limitée sont rares; nous ressemblons à des mécaniciens qui seraient conduits par la machine et qui ne la conduisent pas. Le point de départ de l'amélioration sociale doit être avant tout la connaissance des conditions sociales, et le Musée social nous les fera connaître et juger. Je suis persuadé que, par l'emploi de cet instrument de libre recherche, offert à tout le monde, qui nous rapprochera les uns des autres, nous en retirerons tous un grand profit. Tout le monde gagne à être connu, les patrons gagnent à être connus, les ouvriers gagnent à être connus, et nous voyons par l'exemple admirable d'aujourd'hui que même les pauvres millionnaires gagnent à être connus. (*Hilarité générale.*)

Je regrette de ne plus voir à sa place mon illustre maître Jules Simon. Dans sa grande synthèse de l'Exposition de 1878, après avoir retracé le tableau magistral de l'état de notre industrie, M. Jules Simon fait cette dernière réflexion qui est comme un mot d'ordre final : « Au point de puissance et de lumière où sont parvenues nos industries, il ne leur est plus permis de s'arrêter, il faut courir ou mourir. »

M. Jules Simon résume ainsi à merveille les conditions de mouvement perpétuel de l'industrie, telles que nous les ont faites les progrès écrasants et sans bornes de la science.

Il n'en est pas ainsi, Messieurs, dans la vie sociale ; il ne s'agit ni de courir ni de mourir : il s'agit de marcher et de vivre. Pour cela, il faut avant tout bien comprendre, et, comme nous le conseillaient M. Léon Say et avant lui M. Jules Simon, ajouter à cette intelligence des choses, l'amour des autres ; c'est bien là ce que notre école libérale regarde comme son devoir et son programme : Comprendre et aimer. Mon excellent collègue qui apporte à la discussion et à l'étude des questions sociales tant de bonne volonté, l'honorable M. Mesureur, énumérait il y a un instant toutes les nombreuses lois dites sociales que ses amis de la commission parlementaire du travail et lui-même espéraient faire voter par les Chambres; j'ai assisté comme vous à ce long défilé des lois en préparation : je pense qu'il y en a certaines qui peuvent être acceptées; plusieurs autres ne soulèvent en moi qu'un respectueux scepticisme. (*Hilarité générale.*)

Mais, quoi qu'il en soit, ferions-nous toutes ces lois et mille et une autres encore, serions-nous pour cela affranchis de notre devoir? Quelles que soient les solutions légales apportées aux questions dites sociales, est-ce que notre devoir individuel, notre devoir social, peut en être diminué, ne sera-t-il pas toujours tout entier et comme la source de la vie morale? Malheur au pays où l'on croirait que des lois quelconques pourraient nous affranchir de nos devoirs envers les autres. (*Applaudissements.*)

Je suis assuré, Messieurs, que le Musée social offrira à tous les hommes de bonne volonté, patrons et ouvriers, le moyen de mieux comprendre leurs devoirs; tel est son véritable et son noble but.

C'est dans l'espérance que ce but sera atteint que je porte la santé des hommes de bien qui sont appelés par la confiance du comte de Chambrun à gérer cette grande institution qui s'ouvre dans notre pays; et avec cette grande institution, j'ai l'assurance qu'il s'ouvre en France une nouvelle école de devoir social, une école de paix publique. (*Applaudissements.*)

STATUTS

DE LA

SOCIÉTÉ DU MUSÉE SOCIAL

ANNEXÉS AU DÉCRET DU 31 AOUT 1894

ARTICLE PREMIER.

La *Société du Musée social* a pour but de mettre gratuitement à la disposition du public, avec informations et consultations, les documents, modèles, plans, statuts, etc., des institutions et organisations sociales qui ont pour objet et pour résultat d'améliorer la situation matérielle et morale des travailleurs.

Elle s'interdit toutes discussions politiques et religieuses.

Elle a son siège actuel à Paris, rue Las-Cases, n° 5.

ARTICLE 2

Les principaux moyens d'action que la Société se propose d'employer sont :

1° Une exposition permanente d'économie sociale ;

2° Une bibliothèque et une salle de travail ouvertes gratuitement ;

3° La communication aux intéressés de tous les renseignements qui pourront être demandés par eux au sujet des œuvres sociales ;

4° Des consultations techniques, soit sur l'agencement d'œuvres à créer, soit sur la situation d'œuvres existantes et les modifications que cette situation pourrait comporter;

5° L'organisation de conférences, de cours et de démonstrations orales ayant pour but de commenter les documents exposés et de vulgariser les institutions d'économie sociale;

6° Des missions d'étude et d'enquête en France et à l'étranger;

7° Des publications servant à faire connaître les travaux de la *Société du Musée social* et les documents rassemblés par elle;

9° Des prix et des médailles à décerner aux travaux les plus remarquables et l'organisation de concours sur des sujets spéciaux.

ARTICLE 3.

La *Société du Musée social* se compose, pendant la vie du Fondateur :

1° De présidents d'honneur et de membres d'honneur qui seront choisis par le Fondateur ou, après lui, par le Grand Conseil. Sont, dès à présent, nommés présidents d'honneur MM. Jules Simon, Léon Say et le comte de Chambrun, fondateur de la Société;

2° De sept membres formant le Comité de direction dont il est parlé à l'article 7 ci-après;

3° De membres collaborateurs qui donnent un concours actif au Comité de direction et qui se partagent en sections. Ils sont nommés pour trois ans, sur la proposition du Comité de direction, par le Fondateur, sa vie durant, et ensuite par le Grand Conseil;

4° De membres correspondants choisis de la même manière, parmi les personnes et les Sociétés désignées par leur compétence et la nature de leurs travaux.

ARTICLE 4.

Après le décès du Fondateur, la Société se composera :

1° Des membres d'honneur et des membres collaborateurs et correspondants indiqués à l'article précédent;

2° D'un Grand Conseil de soixante membres, au plus, dont feront partie les présidents d'honneur et les membres du Comité de direction;

les autres membres seront désignés, pour la première fois, par les présidents d'honneur et par le Comité de direction, et, lors des renouvellements successifs, par le Grand Conseil.

ARTICLE 5.

Après le décès du Fondateur, les présidents d'honneur et les membres du Comité de direction désignent, pour la première fois, les autres membres du Grand Conseil, conformément à l'article 4.

Les membres du Grand Conseil, désignés comme il est dit au paragraphe précédent, rempliront leurs fonctions pendant six années. Ils sortent du Grand Conseil à raison d'un tiers tous les deux ans.

Le sort détermine les noms des membres sortants, lors des deux premiers renouvellements. Le second tirage n'a lieu qu'entre les anciens membres qui n'ont pas encore été soumis au renouvellement.

L'ancienneté déterminera par la suite le rang de sortie.

Le Grand Conseil procède à l'élection pour le remplacement des membres sortants. Ils sont rééligibles.

En cas de décès ou de démission d'un membre dans l'intervalle de deux renouvellements, le Grand Conseil pourvoit à cette vacance sur la proposition du Comité de direction.

ARTICLE 6.

La *Société du Musée social* étant pourvue d'une dotation suffisante, ses membres n'ont à payer aucune cotisation.

ARTICLE 7.

La Société est administrée par un Comité de direction, composé de sept membres qui sont nommés pour sept ans et rééligibles.

Le Comité de direction nomme tous les ans les membres de son Bureau, qui comprend : un président, deux vice-présidents, un secrétaire et un trésorier. Cette dernière fonction peut s'ajouter à l'une des autres.

Chaque année, l'un des membres du Comité de direction est désigné par le sort pour sortir du Comité. Le tirage n'a lieu qu'entre les membres qui n'ont pas encore été soumis à la réélection. L'ancienneté détermine ensuite le rang de sortie.

Les membres du Comité directeur sont nommés par le Fondateur. A l'expiration de leur mandat, comme en cas de vacances, ils sont désignés par lui.

Sont nommés par le Fondateur, en vertu du paragraphe précédent :

MM. Jules Siegfried, *président;*

Charles Robert, *vice-président et trésorier;*

E. Cheysson, *vice-président;*

Gruner, *secrétaire;*

E. Boutmy;

Albert Gigot;

Georges Picot.

Pendant la vie du Fondateur, le contrôle prévu à l'article 9 ci-après est exercé par une commission de trois membres nommés par lui.

Après le décès du Fondateur, il est pourvu à la désignation des membres du Comité de direction, à l'expiration de leur mandat et, en cas de vacances, par le Grand Conseil, sur la présentation des autres membres du Comité de direction.

La présence de quatre membres est nécessaire pour la validité des délibérations.

Il est tenu procès-verbal des séances.

Le Comité de direction remplit les fonctions de Bureau du Grand Conseil.

Article 8.

Les fonctions de membres du Grand Conseil, du Comité de direction et de son Bureau sont gratuites.

Article 9.

Quand le Grand Conseil aura été institué, il se réunira au moins deux fois par an comme Assemblée générale ordinaire de la *Société du Musée social.*

L'Assemblée peut toujours être convoquée par son président, ou sur la demande du quart de ses membres.

Son ordre du jour est réglé par le Comité de direction. Elle délibère sur les propositions qui lui sont faites par ce Comité.

La présence de quinze membres au moins est nécessaire pour délibérer valablement.

D'après la nature des questions portées à l'ordre du jour, le Comité de direction peut inviter des membres collaborateurs et correspondants à assister à la séance avec voix consultative.

Dans sa première séance de l'année, l'Assemblée entend le rapport général qui lui est présenté par le Comité sur la situation financière et morale de la Société et le rapport de la Commission de contrôle mentionnée au paragraphe suivant ; elle statue sur les comptes de l'année écoulée, vote le budget de l'exercice suivant et pourvoit, lorsqu'il y a lieu, à l'élection des membres du Comité de direction.

L'Assemblée nomme, dans cette même séance, une Commission de contrôle composée de trois membres du Grand Conseil pris en dehors du Comité de direction. Cette commission vérifie les livres et les comptes du trésorier, le bilan annuel de la situation financière, ainsi que l'état du musée, de la bibliothèque et des archives. Elle fait sur le tout un rapport écrit qui est lu à l'Assemblée générale après le compte rendu du trésorier.

Le rapport général annuel et les comptes approuvés par l'Assemblée sont adressés, chaque année, aux membres de la Société, au Préfet de la Seine et au Ministre du Commerce et de l'Industrie.

Article 10.

Les membres d'honneur, les membres collaborateurs et les membres correspondants sont convoqués, une fois par an, avec le Grand Conseil, quand il sera institué, à une séance spéciale dont la date et l'ordre du jour sont fixés par le Comité de direction.

Article 11.

Les délibérations relatives à l'acceptation des dons et legs sont soumises à l'approbation du Gouvernement.

Article 12.

Le trésorier représente la Société en justice et dans tous les actes de la vie civile.

Article 13.

Les ressources de la Société se composent :

1° D'une somme de 200 000 francs, montant de souscriptions antérieures ;

2° Des dons et legs dont l'acceptation aura été autorisée par le Gouvernement et des sommes qui pourraient être versées à la Société par des bienfaiteurs ;

3° Des subventions qui pourraient lui être accordées ;

4° Du produit des ressources qui seraient créées à titre exceptionnel, avec l'autorisation du Gouvernement ;

5° Enfin, du revenu de ses biens et valeurs de toute nature.

Article 14.

Les fonds disponibles de la Société seront placés en rentes sur l'État ou en obligations de chemins de fer dont l'intérêt est garanti par l'État.

Article 15.

Le fonds de réserve comprend :

1° Le dixième de l'excédent des ressources annuelles ;

2° La moitié des libéralités autorisées sans emploi.

Ce fonds est inaliénable, mais ses revenus peuvent être appliqués aux dépenses courantes.

Article 16.

Aucune publication ne peut être faite au nom de la Société sans l'examen préalable et l'approbation du Comité de direction.

Article 17.

La qualité de membre de la Société se perd :

1° Par la cessation des fonctions ou de la délégation qui avait motivé l'admission du membre ;

2° Par la démission;

3° Par la radiation prononcée pour motifs graves par le Grand Conseil, à la majorité des deux tiers des membres présents, sur le rapport du Comité de direction et le membre intéressé dûment appelé à fournir ses explications.

ARTICLE 18.

Les présents Statuts ne peuvent être modifiés qu'avec l'approbation du Gouvernement.

Le Fondateur se réserve, sa vie durant, de provoquer les modifications jugées nécessaires.

Après son décès, les Statuts ne peuvent être modifiés que sur la proposition du Comité de direction ou de dix membres titulaires, soumise au Comité de direction un mois au moins avant la séance.

L'Assemblée extraordinaire, spécialement convoquée à cet effet, ne peut modifier les Statuts qu'à la majorité des deux tiers des membres présents.

L'Assemblée doit se composer de la moitié plus un, au moins, des membres en exercice.

Le vote par correspondance n'est pas admis.

ARTICLE 19.

L'Assemblée générale, appelée à se prononcer sur la dissolution de la Société et convoquée spécialement à cet effet, doit réaliser les conditions de composition et de majorité fixées à l'article 18. Ses résolutions sont soumises à l'approbation du Gouvernement.

ARTICLE 20.

En cas de dissolution volontaire ou de retrait d'autorisation, le Grand Conseil, sous la réserve expresse de la stricte exécution des conditions stipulées par les donateurs ou testateurs, délibère sur l'attribution de l'actif mobilier ou immobilier disponible à un ou plusieurs établissements analogues et reconnus d'utilité publique.

Cette délibération n'a d'effet que si elle est approuvée par le Gouvernement.

Si l'Assemblée refusait de délibérer, il serait pourvu à cette attribution par décret rendu en Conseil d'État, sur la proposition du Ministre du Commerce et de l'Industrie.

ARTICLE 21.

Un règlement intérieur, adopté par le Comité de Direction et le Fondateur pour l'exécution des présents Statuts, sera communiqué au Ministre du Commerce et de l'Industrie, ainsi que les modifications successives que ce règlement pourrait comporter.

CLASSIFICATION

DES

DOCUMENTS DU MUSÉE SOCIAL

STATISTIQUE SOCIALE ET DOCUMENTS GÉNÉRAUX

Statistique de la population.
Tables de mortalité, de morbidité et d'accidents.
Expositions. Offices du travail. Musées sociaux.

RÉGIME DE LA FAMILLE

Monographies.
Instruction professionnelle. — Apprentissage.
Rôle de la femme.

RÉGIME DE LA PROPRIÉTÉ

Division de la propriété.
Formes diverses de la propriété mobilière et immobilière.
Transmission de la propriété.
Systèmes collectivistes et autres.

RÉGIME GÉNÉRAL DU TRAVAIL

Règlement du travail (adultes, femmes, enfants).
Hygiène et sécurité.
Syndicats professionnels industriels.
    —   —   agricoles.
Groupements corporatifs.
Grèves. — Arbitrage et conciliation.
Conseils d'usine.
Institutions patronales.
Systèmes socialistes.

PÉRIODE NORMALE DE LA VIE DU TRAVAILLEUR

a) **Travail.**

    I. — TRAVAIL AUX ORDRES D'UN PATRON.

        Salaires. — Sursalaires. — Subventions.
        Participation aux bénéfices.

    II. — TRAVAIL DANS LES SOCIÉTÉS COOPÉRATIVES DE PRODUCTION.
    III. — TRAVAIL DE L'OUVRIER A DOMICILE. — INDUSTRIES DOMES-
        TIQUES.

b) **Épargne et Crédit.**

    Caisses d'épargne.
    Sociétés coopératives de crédit.
    Banques populaires.

c) **Habitation**.

> Logements à bon marché.
> Sociétés coopératives de construction.

d) **Alimentation, Vêtement, Éclairage, Chauffage.**

> Sociétés coopératives de consommation.

e) **Récréations, Cercles, etc.**

f) **Matières diverses.**

PÉRIODE DE CRISES DE LA VIE DU TRAVAILLEUR

a) **Chômage.**

> Bureaux de placement.
> Assistance par le travail.
> Assurance contre le chômage involontaire.

b) **Maladies.**

> Sociétés de secours mutuels.
> Alcoolisme.

c) **Accidents.**

> Prévention.
> Atténuation (sauvetage, hôpitaux).
> Réparation (assurance contre les accidents).

d) **Vieillesse et Invalidité.**

Pensions de retraite. — Création du patrimoine.

e) **Décès prématuré.**

Assurance vie entière; mixte; à terme fixe.

f) **Divers.**

SECTIONS DE TRAVAIL

Comité des Relations avec les sociétés existantes.

Président : M. JULES SIEGFRIED.

Section des Associations ouvrières et coopératives.

Président : M. CHARLES ROBERT.

Section des Assurances sociales.

Président : M. E. CHEYSSON.

Section des Institutions patronales.

Président : M. GEORGES PICOT.

Section juridique.

Président : M. ALBERT GIGOT.

Section des Missions.

Président : M. BOUTMY.

TABLE

INTRODUCTION . . . .   Pages.
    1

DISCOURS

I. — M. JULES SIMON, de l'Académie Française, Sénateur, Président d'honneur du Musée social   1

II. — M. JULES SIEGFRIED, Député, ancien ministre, Président du Musée social   7

III. — M. RIBOT, Président du Conseil des ministres   16

IV. — M. LÉON SAY, de l'Académie Française, Député, Président d'honneur du Musée social   19

V. — M. ANDRÉ LEBON, Ministre du Commerce, de l'Industrie, des Postes et des Télégraphes   25

VI. — M. ARMAND PEUGEOT, manufacturier   29

VII. — M. BUISSON, Directeur de la Banque coopérative des associations ouvrières   35

Pages.

VIII. — M. MESUREUR, Député, Président de la Commission du travail 41

IX. — M. AYNARD, Député, Président de la Chambre de commerce de Lyon 45

STATUTS DE LA SOCIÉTÉ DU MUSÉE SOCIAL. 49

CLASSIFICATION DES DOCUMENTS 57

SECTIONS DE TRAVAIL. 61

Paris. — Typ. Chamerot et Renouard, 19, rue des Saints-Pères. — 32298.

LE MUSÉE SOCIAL
TRAVAILLONS

www.ingramcontent.com/pod-product-compliance
Lightning Source LLC
Chambersburg PA
CBHW050011070726
47598CB00014B/729